누군가의 딸로 태어나
나를 이 세상에 서게 해 주신
사랑하는 나의 엄마,

_____ 님에 대한 기록

디 어 마 더

dear mother

왜 '디어마더'일까?

자, 여기 한 여성이 앉아있다. 나를 이 세상에 있게 한 존재, 나보다 나를 더 사랑한다고 느끼게 하는 사람, 엄마다.
그런 엄마의 삶에 보내는 '헌사'를 쓴다면, 나는 그 첫 문장을 뭐라고 쓸까. 아니 엄마의 인생을 몇 개의 열쇳말로라도 표현해본다면, 나는 어떤 단어를 떠올릴 수 있을까. '엄마'가 아닌 한 인간이자 여성인 그를 나는 얼마나 알고 있나. 엄마가 살아온 시간의 족적에 나는 어떤 의미를 부여할 수 있나.
그럼 엄마 삶의 조각들은? 내 엄마의 열 살 때 꿈은 뭐였을까. 엄마가 나를 키우며 가장 당황스러웠던 일은? 엄마가 꼭 한번 다시 만나보고 싶은 친구는 누구일까. 엄마가 살면서 가장 화났던 사건은 뭔가. 앞으로 이루고 싶거나 해보고 싶은 엄마의 꿈은?
누구보다 가깝다고 생각하는 존재, 엄마. 그러나 우리는 엄마의 삶을 온전히 이해하지 못하고 있는지 모른다.

그렇게 물음표를 남겨둔 채 엄마와 한정된 시간을 흘려보낼 것인가. 엄마는 내가 물어주길 기다리고 있지 않을까. 엄마 마음속에 아무에게도 말하지 못한 이야기가 켜켜이 쌓여있는 건 아닐까.
이 책은 엄마의 마음, 엄마의 인생에 한 발짝 더 다가가고 싶은 이들의 지침서다. 묻고 듣는 과정이 나와 엄마에겐 어떤 의미로 다가올지, 엄마에게 던져 봐야 할 질문엔 무엇이 있는지 추리고 담았다. 어떻게 준비를 하고서, 어떤 자세로 엄마 앞에 서야 할지 막막하다면 책 후반에 21가지로 추린 '공감 인터뷰어 김지은의 인터뷰 꿀팁'부터 읽어보길 권한다.
'디어마더'를 사이에 두고 엄마와 마주 앉은 시간은 분명 웃음과 눈물, 설렘과 아림이 뒤섞여 삶에 진한 느낌표를 선사해 줄 것이다.
엄마의 인생 속으로 떠나는 여행 티켓을 쥔 당신에게 축복을.

2021년 5월,
김지은(대표저자) 김주성 김혜영 양진하 이혜미

목 차

○ 왜 '디어마더'일까?   5

◇ 마주하다   10
◇ 태어나다   18
◇ 자라다   26
◇ 꿈꾸다   38
◇ 만나다   56
◇ 키우다   66
◇ 맺다   84
◇ 살다   96
◇ '엄마'다   114
◇ 다시, 꿈꾸다   130

○ 에필로그   140
○ 공감 인터뷰어 김지은의 인터뷰 꿀팁   144
○ 디어마더를 하며 함께 읽으면 좋은 기사   180

마
주
하
다

나의 엄마,
아니 [   ]님을
처음으로 마주하다.

"엄마, 어젯밤엔 잘 주무셨어요?"

엄마, 어젯밤에 잠은 잘 주무셨어요?
□ 아주 푹 잘 잤다　　□ 잘 잤다
□ 밤새 꿈을 꿨다　　□ 뒤척이느라 잘 못 잤다

지금 피곤하진 않으세요?

나랑 이렇게 마주 앉으니까 기분이 어때요?

'긴장되지 않았어요?'라고 묻거나 '나는 설렜어요' 같이 느낌을 전해보세요

엄마 지금
카카오톡 프사,
왜 그걸로 했어요?

> 프사가 뭐냐고 물어보시면 친절히 설명해 주세요
> 기본 프사인 경우에도 이유를 물어보세요

밸런스 게임으로 엄마의 취향을 알아보세요

◀———— ◆◆◆ ————▶

☐ '부먹'이에요? ☐ '찍먹'이에요?

요즘 엄마와 가장 많이 대화하는 사람은 누구예요?
누구랑 대화할 때 엄마가 가장 즐거워요?

> 답변에 따라 자연스럽게 맞장구를 쳐 주세요

엄마, 엄마는 하루의 시간 중 어떨 때 가장 편안함과
행복함을 느껴요? 그 이유는 뭐예요?

> '재미있는 드라마 시작할 시간에 맞춰 앉아있을 때'같은 예를 들면서 구체적인 답변을 들어보세요

'내 엄마 맞춤형' 질문을 해 보는 공간이에요.

태어나다

나는 [   ]의 딸이다.
나의 엄마는 [   ]의 딸이다.

"엄마, 엄마는 어떤 딸이었어요?"

엄마는 태몽이 있어요?

> '내 태몽은 뭐였잖아요 엄마는 어땠어요?'라고 자연스럽게 물어보세요

엄마는 어디에서 태어났어요?
엄마 태어날 때 어땠는지 들은 적이 있어요?

병원인지, 조산원인지, 집인지. 엄마가 태어날 때 에피소드도 함께 물어보세요

베테랑 사진기자 김주성의 사진 선택 꿀팁

말하기의 다른 방법

사진은 멈춰진 장면 같지만 말을 건네고, 이어주는 역할을 한다. 어떤 말을 먼저 해야 할지 모를 때 엄마와 함께 사진을 고르며 그에 얽힌 이야기를 들어보자. 과거의 시간을 더듬다 보면 엄마의 추억 상자도 열릴 것이다.

엄마 이름은 누가 지어줬어요?
무슨 뜻이에요?
그 얘기를 듣고 어떻게 생각했어요?

엄마 아기 때 사진을 본 적 있어요?

> 사진을 보고 느낌이 어땠는지 물어보세요

할머니가 엄마를 낳고 나서 어떤 생각이 들었는지,
말해준 적 있어요?

> 역시 느낌을 추가로 물어보세요

'내 엄마 맞춤형' 질문을 해 보는 공간이에요.

자
라
다

'엄마'가 아닌 엄마의 모습을 상상해본 적 있나요?

모래바람 일으키며 골목길 누비던 천방지축,
TV 연예인 보며 마음 설레던 10대 소녀,
'인생은 무엇인가' 고민하던 사춘기 시절,

"엄마는 어렸을 때 어떤 아이였어요?"

어린 시절 기억 중 아직도 생생한 기억이 있어요?
그게 뭐예요?

엄마의 생활기록부에 단골로 적힌 말이 뭐였어요?

어릴 때 가장 행복했던 날이 언제에요?

밸런스 게임으로 엄마의 취향을 알아보세요

☐ 강아지가 좋아요?   ☐ 아니면 고양이?

어렸을 때 제일 친했던 친구는 누구예요?

> 아래 칸에 이름을 적고 그 친구가 어떤 친구였는지 물어보세요

이름
_____

지금 꼭 한번 만나보고 싶은 친구는 누구예요?

> 아래 칸에 이름을 적고 그 친구가 어떤 친구였는지 물어보세요

이름
_____

엄마의 10대를 생각하면
가장 아쉬운 건 뭐예요?

가장 절실했는데
가져보지 못한 것도 있었어요?
지금은 가졌나요?

엄마의 어릴 적 별명은 뭐였어요? 누가 주로 그렇게
불렀어요? 그 별명을 들으면 어떤 느낌이에요?

10대로 돌아간다면 꼭 해보고 싶은 건요?

어린 시절 엄마에게 말을 건넨다면 해주고 싶은 말 있어요?

'내 엄마 맞춤형' 질문을 해 보는 공간이에요.

꿈
꾸
다

꿈 많던 십대 소녀가
세상을 경험하고
성장을 하여 어른이 되었다.

"엄마, 꿈이 뭐였어요?"

엄마는 어릴 때 꿈이 뭐였어요?

장래희망을 갖는 데 가장 큰 영향을 준 사람이 있다면?

엄마는 이별 때문에 슬펐던 적이 있어요?
그건 언제 어떤 경험이었어요?

엄마는 뭘 잘하는 아이였어요?

좋아했던 위인이나 연예인이 있었어요?
그 사람이 왜 좋았어요?

베테랑 사진기자 김주성의 사진 선택 꿀팁

사진도 서사

사진을 고를 때 엄마의 생애 주기별로 선택해 보자.
그 순간의 엄마 모습에 엄마만의 역사가 담겨있다.
앵글 너머 엄마의 이야기를 들어보는 계기가 될 것이다.

엄마의 기억에 강하게 남아있는
책이나 예술작품이 무엇인지
궁금해요.

엄마가 기억하는
첫 여행 장소는 어디예요?

> 있으면 있는 대로
> 없으면 없는 대로
> 그 이유가
> 의미 있을 거예요

처음 영화관에 가서 봤던 영화 제목이 기억나요?
그건 언제였어요? 누구랑 갔었어요?

꼭 해보고 싶었던 일을 못 하게 돼서
아쉬웠던 경험이 있었어요?

어릴 때 어른이 되면
꼭 해보고
싶었던 건 뭐예요?

엄마가 좌우명으로 생각하는 말이나 좋아하는 문장은?
그건 누가 한 말이에요? 그 말을 처음 알게 된 것은
언제였어요?

엄마의 스무 살은 어땠어요?
먼저 한마디로 표현해 봐 주세요.

> 아래 칸에
> 한마디를 적은 후
> 성인이 된 느낌 등을
> 자세히 물어보세요

서른 즈음은 어땠어요?

> 인생의 또 다른 길목으로 넘어갈 때의 감정이나 사건, 기억을 물어보세요

'내 엄마 맞춤형' 질문을 해 보는 공간이에요.

만나다

'만나다'는 출산뿐 아니라 입양, 부모의 재혼, 위탁 등 다양한 경로를 포함합니다.
상황에 맞게 질문을 적절히 바꿔 보세요.

정현종 시인은 "사람이 온다는 건 실로
어마어마한 일"이라고 했다.
하물며 엄마에게 내가 온 것은...

"엄마, 고맙습니다."

날 가진 걸 언제 처음 알았어요?

> 입양된 경우,
> 나를 처음 만난 날로
> 바꿔 물어보세요

그때 기분을 형용사로 표현한다면?

내 태몽이 있었다면 태몽인 걸 어떻게 알았어요?
누가 언제 꿨어요?

무슨 내용이었어요?

날 가졌을 때 가장 조심한 것은요?

밸런스 게임으로 엄마의 취향을 알아보세요

(모르신다면 이 기회에 함께 드세요)

□ '민초단'? □ 아니면 '반민초단'?

날 낳으러 가면서 겁이 나진 않았어요?

날 처음 봤을 때 든 생각! 날 처음 품에 안았을 때는요?

엄마도 처음부터
엄마로 태어난 건 아닐 텐데,
엄마가 되기로 결심한 이유가 있어요?

나는 먹성이
좋았어요?

'내 엄마 맞춤형' 질문을 해 보는 공간이에요.

키
우
다

눈에 넣어도 안 아프다가
자식이 아니라 웬수였다가.

"엄마, 사랑해요."

내가 가장 예뻤을 때는 언제였어요?

내가 제일 미웠을 때는요?

나를 키우면서 힘들었을 때는 언제였어요?
그때 어떻게 견뎠어요?

나 때문에 몰래 운 적도 있어요?
왜 그랬어요?

나한테 비밀로 했는데 이제는 말할 수 있는 것,
혹시 있어요?

'이제 다 키웠구나' 싶었던 순간도 있었어요?

베테랑 사진기자 김주성의 사진 선택 꿀팁

엄마와 나

언젠가부터 엄마의 사진엔 내가 등장한다. '엄마와 나'의 사진을 보며 우리의 시간을 되짚어 볼 수 있다.

엄마만의 양육 원칙이 있었다면?

원칙과 철학, 규칙 등 무엇이든 써주세요

1 |

2 |

3 |

4 |

5 |

내가 엄마를 닮았다고 생각한
순간이 있어요?

닮지 않았다고 느낀
순간도 더불어 물어보세요
외모뿐 아니라 습관이나
행동, 성격까지
포함해서요

내가 어떤 어른으로 컸으면 좋겠다고 생각했어요?

지금까지 나한테 받은 선물 중 가장 좋았던 게 뭐예요?

왜 이 선물이 가장 기억에 남아요?

나는 엄마의 [   ] 이다.

그렇게 생각한 이유가 뭐에요?

엄마가 나를 키우면서 가장 많이 한 말은 뭐예요?
왜 그랬어요?

'내 엄마 맞춤형' 질문을 해 보는 공간이에요.

베테랑 사진기자 김주성의 사진 선택 꿀팁

따로 또 같이

같은 나이, 엄마와 나는 어떻게 닮았고 어떻게 다를까. 비슷한 시기 엄마의 사진과 나의 사진을 하나씩 뽑아 나란히 붙여 보고, 이야기를 나눠보자.

맺다

지금, 엄마가 스스로에게 해 주고 싶은
한마디가 궁금해요.

" _____ "

인생을 살면서 가장 잘했다고 생각되는 일은 뭐예요?

'널 만난 일'
이라고 답한다면
그건 빼고!

주변 사람들에게 자랑하고 싶을 만큼 뿌듯했던 성취가
있었다면 뭐였어요?

'이건 내가 잘해!'라고 자부하는 엄마만의 장기를
순서대로 5가지만 꼽는다면 뭐예요?

> 커리어, 음식, 연주, 성격, 수다 등 무엇이든 좋아요

1 |
2 |
3 |
4 |
5 |

언제부터 잘했어요?

이것들 중에서 앞으로도 계속 잘하고 싶은 것이 있어요?

인생 제2의 도전이라고 할 만한 것이 있었다면 뭐예요?

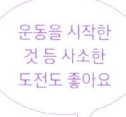

운동을 시작한 것 등 사소한 도전도 좋아요

밸런스 게임으로 엄마의 취향을 알아보세요

☐ 무 없이 치킨 먹기?   ☐ 아니면 김치 없이 라면 먹기?

열심히 살아온 스스로에게
칭찬 한마디를 해준다면 뭐라고
할 수 있을까요?

살아보니 인생이란 [   ]이다.
왜 그렇게 표현한 거예요?

신이 지금 바로 딱 한 가지 소원을 들어준다고 한다면,
엄마는 어떤 소원을 빌 거예요?

'내 엄마 맞춤형' 질문을 해 보는 공간이에요.

살
다

몇만 번 웃고
몇만 번 울고
몇만 번 마음 졸이고
몇만 번 안도하면서
엄마의 인생이 흐르고 있다.

" 엄마, 행복해요? "

엄마의 요즘 가장 큰 고민은 뭐에요?

그걸 해결하기 위해 제일 절실한 건 뭐예요?

가족 말고, 엄마에게 지금 가장 큰 힘이 되는 존재는
누구예요? 그분은 언제 만났어요?

엄마한테는 힘들 때 도망치는 피난처 같은 장소가 있어요?

> 거기에 가면 어떤 생각이 드는지, 왜 편안한지, 가장 최근에는 언제 갔었는지도 물어보세요

요즘 가장 위로가 되는 건 뭐예요?

> 책, 영화, 노래, 드라마 등 무엇이든 좋아요. 이유도 물어보세요

밸런스 게임으로 엄마의 취향을 알아보세요

◀━━━━━•◆•━━━━━▶

☐ '아아'? ☐ 아니면 '뜨아'?

최근에 나에게 서운했는데 말 못 한 적 있었어요? 무슨 일이었어요?

엄마가 지금 가장 두려운 건
뭐예요?

엄마, 행복해요?

☐ 아주 행복하다
☐ 이만하면 행복하다
☐ 잘 모르겠다

엄마의 행복 정도를 퍼센트로
표현하면?

_____ %

왜 그런지도 알려주세요.

엄마가 들었을 때
가장 행복을 느끼는 말은
뭐예요?

"   "

엄마가 지금의 내 나이로 돌아간다면 꼭 [   ] 할 것이다. 이유가 궁금해요.

엄마의 물건이나 소지품 중에서 가장 마음에 들거나
애착이 가는 게 뭐예요? 구두나 가방, 옷도 괜찮아요.
이유가 궁금해요.

> 물건이나 소지품을
> 그려보면서 얘기를
> 이끌어가도 좋아요

아무리 낡아도 버리지 못하는 물건이 있어요? 그건 어떤 의미가 있어서 그래요?

엄마는 고치고 싶은데 안 고쳐지는 습관이 있어요?

'내 엄마 맞춤형' 질문을 해 보는 공간이에요.

'엄
마'
다

밥 먹었니?
옷 잘 챙겨 입고 다녀.
등 좀 쫙 펴고 걸어.
누워서 책 보지 마라.
문자에 답장 좀 빨리해.

" 걱정 마, 엄마가 있잖아."

엄마는 왜 맨날 나한테 _____ 라고
물어봐요?

_____

_____

_____

_____

_____

엄마가 좋아하는 음식 3가지만 말해 주세요.

1 |
_____
2 |
_____
3 |
_____

내가 요리를 해준다면 뭘 먹고 싶어요?

함께 먹고 싶은 사람이 있다면 알려주세요. 초대할게요.

엄마는 다시 태어나도 '엄마'로 살고 싶어요?
아니면 비혼이나 무자녀로 살아보고 싶어요?

이유도
물어보세요

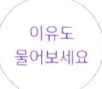

엄마가 되고 나서 엄마의 엄마가 가장 많이 생각난 때가 언제예요?

엄마가 되고 나서 엄마의 엄마에게 했거나
하고 싶었던 말이 있어요?

엄마의 엄마에게 가장 고마운 건 뭐예요?

가장 미안한 것은요?

엄마가 되고 나서 포기한 것들은 뭔가요?

그래도 엄마가 되길 잘했다고 느낀 순간은 언제예요?

이유도 물어보세요

밸런스 게임으로 엄마의 취향을 알아보세요

☐ '물냉'? ☐ 아니면 '비냉'?

엄마의 지금 기분을 표현한다면 [   ]하다.
왜 그렇게 느꼈어요?

엄마 글씨체가 궁금해요. 이곳에 좋아하는 글이나 하고 싶은 이야기를 한번 써 봐주세요.

'내 엄마 맞춤형' 질문을 해 보는 공간이에요.

엄마의 삶을 한눈에 조망해볼 수 있게 인생 그래프를 그려 보세요. 미래의 시간은 점선으로 예상 혹은 희망의 그래프로 채워도 좋아요.

샘플 그래프를 참조할 수 있도록 설명해 드리세요

0세　10세　20세　30세　40세　50세　60세　70세　80세　90세　100세

[　　　　　　　]의 인생 그래프

행복하고
즐거웠다

0세　10세　20세　30세　40세　50세　60세　70세　80세　90세　100세

힘들고
고단했다

베테랑 사진기자 김주성의 사진 선택 꿀팁

함께 그리는 꿈

엄마와 내가 꼭 찍어보고 싶은 사진은 무엇일까. 함께 얘기를 나누고 그림이나 글로 공간을 채워보자.

다시, 꿈꾸다

'엄마'라는 이름표를 떼고
본래의 자신으로.
이제 제가 버팀목이 될게요.

**"엄마, 새로운 인생의 첫 장을
열어보세요."**

지금 새롭게 배워보고 싶거나 해보고 싶은 게 있다면
뭐예요?

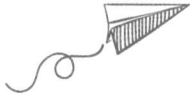

생각만 하지 말고 바로
시작해볼까요?

☐ 좋다
☐ 조금 더 준비가 필요하다
☐ 그냥 생각뿐이다

엄마의 현재 가장 큰 소망은 뭐예요?

나이가 든다는 느낌이 언제 들었어요? 그때 어떤 기분이었어요?

나이가 들어, 좋은 점도 많죠?
하나씩 꼽아볼까요?

생각이 나지 않아도
10개를 채울 수 있도록
이야기를 이끌어주세요
10가지를 꼽는 동안
엄마와 이야기가
끊이지 않을 거예요.

1 |

2 |

3 |

4 |

5 |

6 |

7 |

8 |

9 |

10 |

이 인터뷰의 제목을 정한다면
어떤 것이 좋을까요?

" "

지금 저에게 딱! 해주고 싶은 말은 뭐예요?

'내 엄마 맞춤형' 질문을 해 보는 공간이에요.

에필로그

버킷 리스트란,
앞으로 살면서 꼭 해보고
싶은 일이나 보고 싶은 것의
목록이에요
서로 쓰고 바꿔서
읽어보세요

우리 같이 '버킷 리스트' 작성해볼까요?

Bucket List

- [ ]
- [ ]
- [ ]
- [ ]
- [ ]
- [ ]
- [ ]
- [ ]
- [ ]
- [ ]

다음 생일에 내가 받고 싶은 선물은
[   ]이다.

딸과 인터뷰해보니 [   ]하다.
왜 그렇게 느꼈어요?

공감 인터뷰어
김지은의 인터뷰 꿀팁

- 나는 엄마를 얼마나 알고 있나
- 섭외의 기술
- 인터뷰의 깊이를 좌우하는 이것
- 눈빛의 마법
- 반문하는 용기
- 인터뷰의 TPO ① Time
- 인터뷰의 TPO ② Place
- 인터뷰의 TPO ③ Occasion
- 엄마한테 뭐라고 말을 꺼내지
- 녹음? 필기? 타자?
- '디어마더'는 어떻게 쓰는 게 좋을까
- 뭘 입고 간담?
- 작은 배려가 마음을 연다
- 사변적 질문의 힘
- 마주 앉은 마음
- 인내심이 필요해
- 인터뷰, 누군가에겐 숨구멍
- 오감을 동원한 관찰
- 글쓰기의 왕도 ① 역발상
- 글쓰기의 왕도 ② 반전
- 글쓰기의 왕도 ③ 솔직한 고백

나는 엄마를
얼마나 알고 있나

인터뷰의 준비는 보통 한 사람이 살아온 기본 행적을 파악하는 데서 시작한다. 엄마의 프로필은 어떨까. 병원에서 태어났는지, 집에서 태어났는지, 다닌 학교들은 어딘지, 결혼 전 엄마가 했던 일은 뭔지, 엄마는 유아기 때 통통했는지, 말랐는지. 형제들이 불렀던 엄마의 별명은 뭔지.

이것들은 엄마에게 직접 물어보면 되지 않느냐고? 물론 그래도 된다. 하지만, 우리에겐 미리 엄마에 대해 귀한 정보를 알려줄 사람들이 있다. 아빠, 이모, 삼촌, 할머니, 할아버지… 이런 주변인들에게 쏠쏠하게 귀동냥을 해둘 수 있다.

그렇게 준비하고 엄마와 마주하면, 우리는 이렇게 고쳐 물을 수 있다. "엄마 열 살 때 화가가 되고 싶다고 노래를 불렀다며. 그림 그리는 게 그렇게 좋았어?" "엄마 결혼한 지 반년쯤 됐을 때 펑펑 운 적이 있다던데 누가 그렇게 속상하게 했어?" "엄마, 중학교 때 전학 갔잖아. 나는 갑자기 전학 간 친구 땡땡이가 그렇게 보고 싶던데 엄마는 그런 친구 없어?" "엄마 어릴 때는 엄청 마르고 키도 작았는데 언제 그렇게 쑥 큰 거야?" "엄마, 이모들이 고등학교 때까지도 '겁순이'라고 놀렸다던데, 겁이 그렇게 많았어? 지금은 아닌 거 같은데."

답을 이끌어내는 질문이 이런 거다. 그렇게 쓰윽- 엄마의 마음속으로 시나브로 들어가 보자.

섭외의
기술

통상의 인터뷰에서 성패를 가르는 요소는 무엇일까. 8할, 아니 9할이 섭외다. 섭외를 어떻게 하나. 인터뷰하고 싶은 사람이 생겼다면 일단 어떻게든 연락처를 알아내는 게 우선이다. 그다음엔? 왜 인터뷰하고 싶은지를 전달하면 된다. 문자메시지보다는 전화 통화를 권한다. 텍스트보다는 목소리로 진의를 전하는 게 더 효과적이기 때문이다.

인터뷰이 중엔 모르는 번호는 받지 않는 경우도 있다. 그럴 땐 문자메시지로 차근차근 자기 소개, 용건, 통화하고 싶은 이유를 남겨둔다.

흔치 않게 이메일로만 연락을 주고 받는 이들도 있다. 글 쓰는 과학자이자 서울 삼청동에서 과학책방 '갈다'를 운영하는 이명현 대표가 그 중 하나다. 만나서 왜 휴대폰을 쓰지 않는지 물었더니 답이 의미심장했다. 그래서 그의 인터뷰 글은 그 사연으로 시작했다.

그러니 인터뷰는 섭외가 9할이고, 섭외부터가 인터뷰다.

인터뷰의 깊이를
좌우하는 이것

"인터뷰? 뭐, 가서 한 30분 모르는 거 묻다가 오면 되잖아." 언젠가 누가 지나가듯 한 말이 마음속에 크게 남았다. '인터뷰'라고 하면 그처럼 '질문하고 답하는 자리'라고 생각하기 쉽다. 그런데 아니다. 인터뷰는 만나는 시간만큼이나 준비의 시간이 중요하다. 질문을 할 때보다, 질문을 만들 때 '인터뷰의 깊이'가 판가름 난다고 해도 과언이 아니다.

인터뷰의 준비는 인터뷰할 대상(인터뷰이·interviewee)을 탐색하는 시간이다. '아는 만큼 보인다'는 말은 인터뷰에선 '아는 만큼 물을 수 있다'로 바꿔 말할 수 있다. 나의 경우, 인터뷰이(인터뷰 대상)의 기본 정보는 모조리 숙지한다는 기분으로 온라인과 오프라인 자료를 뒤진다. 온라인에선 인터뷰이의 나이와 고향, 가족 관계, 학력, 경력 같은 기본 프로필부터 과거 인터뷰 자료, 출연 영상을 검색해서 본다. 오프라인 자료는 저서 같은 걸 들 수 있다. 대표작 하나 정도는 완독한다.

눈빛의
마법

충분한 준비의 시간이 주는 건 뭘까. '다른 질문'이다. 예를 들어 준비된 인터뷰어의 질문은 "어느 중학교에 다니셨어요?"가 아니라 "공주중학교에 진학하셨던데, 그 시절엔 들어가기 참 힘든 학교였잖아요"로, "자녀가 몇이에요?"가 아니라 "2010년과 2012년에 아이 둘을 입양하셨잖아요. 이제 둘 다 초등학생이겠네요!"로 바뀔 수 있다.

이 질문들의 차이는 무얼까. 신뢰다. 인터뷰이는 '아, 내 얘기를 들으려고 이만큼이나 준비를 해왔구나' '나에게 물을 것이 많은 사람이구나'라고 느낄 것이다.

준비를 충실하게 한 인터뷰어는 태도도 달라진다. 태도는 인터뷰의 거의 모든 것이다. 준비된 인터뷰어의 눈빛에선 자신감과 안정감이 뿜어 나온다. 그 눈빛은 고스란히 인터뷰이에게도 전달된다. 인터뷰이가 안심하면, 그의 입에서 나오는 말도 편하고 솔직해진다. 인터뷰도 결국 사람과 사람의 교감이기에 그렇다. 자연스러운 흐름이다.

준비된 인터뷰는 '맨땅'이 아니라 몇 계단 위에서 시작된다. 밀도 높은 결과물이 나오는 건 당연지사!

반문하는
용기

국회의원을 지낸 기업인을 인터뷰한 적이 있다. 왜 갑자기 정치를 그만뒀는지 물었다. "국회보다 다른 곳에서 세상을 바꾸는 게 더 낫겠다고 판단해 불출마를 결심했어요."

의문이 들었다. 그래서 이렇게 반문했다. "과거 총선에 당선된 직후엔 '공직이 인생의 종착역'이라고 했는데 그럼 4년도 안 돼 생각이 바뀐 건가요?"

그는 자신이 당선 즈음 여러 번 그렇게 말한 것을 잊은 듯했다. 그가 쑥스러운 미소를 지으며 다시 답했다. "저도 정치를 시작할 때 들린 마음의 울림이 그렇게 빨리 사라질 수 있다는 것에 놀랐어요. 그러면서 배우는 게 인생 아닐까요."

부드럽게 반문했지만, 그는 잠깐 허를 찔린 느낌이 들었을지도 모른다. 하지만, 한발 더 나아간 질문으로 인터뷰이는 공직에 처음 발을 내디뎠을 때 마음을 되돌아볼 수 있었고, 그에게 소중한 한 표를 줬을지 모르는 독자들은 오래 품었던 궁금증을 해소할 수 있었다. 완벽한 이미지로 알려진 인물의 인간적인 면모까지 덤으로 인터뷰에 담겼다. '누구나 다 시행착오를 거친다'는 평범한 인생의 진리가 살아있는 말이 되어 누군가에게 위로로 다가갔을지 모른다.

반문은 '다른 인터뷰에서는 볼 수 없는' 답변을 낳는다.

인터뷰의 TPO
① Time

티피오TPO라는 말이 있다. 옷차림은 시간Time과 장소Place, 상황Occasion에 맞게 갖추는 게 기본이라는 뜻이다. 인터뷰에도 TPO가 있다. 기자를 하며 수없이 인터뷰를 했고, 3년 전부터는 정기적인 연재 인터뷰를 하는 나도 신경 쓰이는 대목이다. 사소한 것 같지만, 결코 사소하지 않아서다.

인터뷰는 언제 하는 게 좋은가. 내 기준은 '인터뷰이가 가장 여유로운 시간'이다. 물론 집필 마감 시한 내의 기간 중에 말이다. 인터뷰가 흥미로운 건 예측불허라서다. 2시간쯤 걸릴 거라고 예상하고 만났더라도 정신을 차리고 보니 4시간이 다 되어가는 경우도 있다. 막 깊은 얘기에 들어가려고 하는데 다음 스케줄 때문에 서둘러 마무리하고 일어서야 한다면 그것처럼 서로 찝찝한 게 없다.

인터뷰이의 평소 생활 습관도 고려해야 한다. 밤늦게까지 작업하고 새벽녘에 잠드는 작곡가를 아침에 만날 수는 없다. 종일 개인 시간을 빼기 어려운 공무원에게 무리해서 업무 시간에 인터뷰하자고 하면 그는 무거운 마음으로 인터뷰 자리에 나올 것이다. 그래서 인터뷰 날짜와 시간을 정할 때 나는 이렇게 먼저 의사를 묻는다.
"가장 여유로운 때가 언제인가요. 최대 ○시간이 걸리기도 하니 바쁜 일정이 없는 날 하시는 게 좋아요."
시간에 쫓기지 않고 얘기를 나눌 수 있는 때, 그것이 인터뷰하기에 가장 좋은 시간이다.

인터뷰의 TPO
② Place

장소를 고를 때 기준도 역시 '인터뷰이가 가장 편안해하는 곳'이다. '편안하다'는 데는 여러 의미가 있다. 작업실이나 사무실, 집 같은 인터뷰이가 자주 머무는 곳일 수도 있고, 방해받지 않고 안정적으로 대화를 나눌 수 있는 장소일 수도 있다. 두 요소를 모두 충족하는 곳이면 좋겠지만 여건이 허락하지 않는 경우도 많다. 그럴 경우 후자를 기준으로 택하기를 권한다. 머릿속으로 카페를 떠올렸을지 모른다. 아늑하고 차도 마실 수 있으니 금상첨화 아닐까.

실상은 조금 다르다. 예상과 달리 시끄럽고 혼잡하다. 대화를 나누는 동안 다른 손님이 주문하거나 계산하는 소리가 끊임없이 들린다. 종업원이나 다른 손님들의 이동도 잦다. 방이 있는 카페라도 대개 음악이 나오기 마련이라 인터뷰이가 감정에 오롯이 집중하는 걸 방해하기도 한다. 그래서 회사의 미팅룸 같은 장소를 종종 활용한다. 공유 오피스의 한 방을 예약해 이용한 적도 있다.
그러니까 곧, 두 사람이 인터뷰에 몰두할 수 있는 장소라면 인터뷰하기에 가장 편안한 곳인 거다.

인터뷰의 TPO
③ Occasion

나는 어떤 때 할 말이 생길까. 누구나 살면서 마음속에 말을 담아두고 산다. 털어놓을 사람이 없을 뿐이다. 인터뷰어는 그 심연의 곳간에 켜켜이 쌓인 말을 들어주는 사람이다.

어떤 사건이나 이슈와 관련해 그의 얘기를 듣고 싶다면, 한참 비슷한 현안이 터져 분위기가 뜨거울 때 해야 그도 할 말이 있고, 독자들도 듣고 싶은 말을 읽을 수 있을 거다.

어떤 인물의 '삶'이 궁금하다면, 그가 인생의 전환점을 돌았을 때 혹은 예상치 못한 개인적인 사건을 겪었을 때가 적기일 수 있다. 그런 때 자기 인생을 한번 돌아보고 싶은 마음이 들지 않을까. 그런데 만약 그 전환점이나 개인적 사건이 부정적인 성격의 것이라면 심정적인 충격이 가라앉을 즈음 제안을 해보는 게 예의일 테다.

엄마한테 뭐라고
말을 꺼내지

'엄마를 인터뷰한다'고 생각했을 때 혹시 이런 걱정이 제일 먼저 들진 않는가. '뭐라고 말을 꺼내지?' 아무리 친구 같고 가까운 모녀라도 왠지 '인터뷰'라는 단어를 떠올리면 어색하고 쑥스럽기 십상이다. 무작정 "엄마, 나랑 얘기 좀 해"하며 끌어당겨 마주 앉아 볼까.

엄마도 마음의 준비를 할 시간이 필요하다. '내 딸이, 혹은 아들이 내 얘기를 듣고 싶은 거구나' 뿌듯해하고 감동받을 짬도 드려야 한다. 그래서 너무 형식적이진 않더라도 정중하게 제안하기를 권한다. 이렇게 말해보는 건 어떨까.

"엄마, 내가 생각해보니까 엄마가 살아온 얘기를 진지하게 들어본 적이 없어요. 엄마 인생이 궁금한데 들려줄 수 있어요? 그걸 기록해보고 싶어요."

엄마를 인터뷰하고 싶은 이유와 함께 경청의 준비가 되어 있다는 신호까지 전달할 수 있다. 이제 '인터뷰의 TPO 꿀팁'을 활용해 때와 장소를 정하면 된다.

엄마는 게다가 인생의 선배이기도 하다. 엄마의 삶을 듣는다는 건 기록 이상의 가치가 있다. 내게는 배움의 시간이자 엄마를 더 깊이 이해하는 계기가 될 것이다.

녹음? 필기? 타자?

인터뷰어를 적잖이 당황시키는 게 기록의 방식이다. 일단 마주하긴 했는데 어떻게 한담? 손으로 메모를 해야 하나, 스마트폰에 녹음을 해야 하나, 태블릿PC나 노트북으로 쳐야 하나.

나의 방식을 말하면 대부분 놀란다. 노트북으로 치기 때문이다. 녹음은 보조 수단이다. 이런 방식을 택한 데엔 몇 가지 이유가 있다. 손으로 메모하는 건 일단 불가능하다. 필기 속도가 말의 속도를 따라갈 수 없어서다. 게다가 종이에 코를 박은 채 인터뷰를 할 수는 없지 않나.

그럼 녹음은? 녹음은 손쉬우면서도 가장 불편한 방식이다. 30분 정도 하는 인터뷰라면 녹음을 권하지만, 그 이상이라면 인터뷰 이후가 문제다. 녹음 파일을 다시 들으며 복기를 하는 데에는 보통 인터뷰 시간의 1.5배 이상이 걸린다. 3시간 인터뷰를 했다면 적어도 다시 5시간 이상을 들여야 하는 거다. 복기하면서 지레 '녹다운'

할 수는 없다. 게다가 '통화 차단' 설정을 안 해뒀다가 중간에 전화가 와 녹음이 아예 안 돼 낭패를 본 경우도 있었다.

타자에 익숙한 사람이라면 그래서 태블릿PC나 노트북을 추천한다. 인터뷰이의 말뿐 아니라 그 말을 할 때 느낌, 눈빛, 감정도 메모를 해둘 수가 있다. 인터뷰이의 얼굴을 보면서도 충분히 받아치는 게 가능해 집중도도 유지할 수 있다. 물론 녹음도 한다. 하지만 그건 미처 타자로 기록하지 못한 대목이나 민감한 얘기를 재확인하는 보조 수단이다. 혹시라도 문서 파일을 날렸을 때 같은 비상 상황 대비용으로도 쓸 수 있다.

'디어마더'는
어떻게 쓰는 게 좋을까

'디어마더'의 질문들은 대체로 간단하다. 필기로도 충분히 메모할 수 있는 수준이다.

그러나 좀 더 다채로운 '디어마더'를 완성하고 싶다면, 여러 방식을 시도해 볼 수 있다. 엄마의 인터뷰를 타자로 기록한 뒤 오려 붙이거나, 타자 기록을 바탕으로 손글씨로 압축해 다시 기록해보는 건 어떨까. 경우에 따라 두 방식을 적절히 섞을 수도 있다.

여기다 엄마의 얘기를 들었을 때 자신의 느낌까지 추가로 적어본다면! 엄마에게 선물했을 때 감동은 두 배, 세 배가 될 거다.

뭘 입고
간담?

인터뷰이뿐 아니라 인터뷰어에게도 고민거리다. '예의에 어긋나지 않되 편한 옷'을 추천한다. 장시간 앉아 들어야 하는데 몸에 딱 붙는 옷은 불편하다. 그렇다고 트레이닝복 차림으로 간다면 상대가 불쾌하게 생각할 수도 있다.

'옷차림 예의'의 기준이 애매하다면, 인터뷰이를 떠올리면 쉽다. 정장을 주로 입는 이라면 나도 완벽한 정장은 아니더라도 캐주얼 정장을, 힙합 패션을 즐기는 래퍼라면 나 또한 데님에 니트나 셔츠를 입는 식이다. 쪽방촌 거주자나 노숙인을 만나러 가면서 고급 정장 차림을 한다면 상대가 어떤 기분이 들까.

인터뷰이에 맞춤, 그것이 대체로 옷차림 예의의 기준이다.

작은 배려가
마음을 연다

인터뷰를 눈물로 시작한 적이 있다. 방송사의 오디션 프로그램에 출연 중이던 아이돌그룹 '나인뮤지스' 출신 류세라씨를 만났을 때다. 이전 일정을 보아, 식사를 제대로 챙기지 못했을 듯해 간식을 준비해뒀다. 말을 장시간 하면 기운이 빠질 수도 있기에 챙긴 것이기도 했다. 인터뷰를 하면서 간단히 먹을 수 있어야 하니 도시락이나 샌드위치보다는 스낵이 낫다. 그래서 바나나, 알밤, 견과류, 쿠키, 주스와 물을 테이블에 미리 놔둔 거다.

그걸 보자마자 그는 "아, 이거 뭐예요. 저 먹으라고 준비하신 거예요? (인터뷰할 때) 이런 거 처음이야. 어머, 저 눈물 날 것 같아요!" 하더니 와락 울어버렸다.

그를 만나고자 한 이유는 고단했던 아이돌의 삶, 그보다 더 힘든 아이돌 이후의 삶을 듣고 싶어서였다. 비정한 K팝 산업의 무한경쟁에 지쳐 후유증까지 앓는 그의 마음을 열기에 충분한 시작이었다.

사변적 질문의 힘

"요즘 냉이가 참 맛있어."
"맞어, 냉이 철이죠. 뭐 해서 드셔?"
"이렇게 저렇게 무쳐서 먹으면 맛나."
"그렇게 먹는 방법도 있고만. 그럼 미리 데치는 거여?"
"그렇지. 한 3분 데친 다음에 어쩌구 저쩌구."
연신 고개를 끄덕이던 한 사람은 "○○○씨, 들어오세요~"하는 간호사의 소리에 "아이쿠, 내 차례네"하며 일어섰다. 건강검진 순서를 기다리던 두 중년 여성의 대화다. 알고 보니 그날 처음 본 사이. 건강검진 순서를 기다리다 이토록 알찬 대화를 나눈 거다. 대기 시간은 길어야 10분 남짓. 그 짧은 시간에 한 사람은 어제저녁 맛있게 해 먹은 반찬을 떠올리며 행복했을 테고, 다른 한 사람은 몰랐던 정보를 얻어 유용했다. 순서를 기다리면서 지루할 새도 없었을 테다.
사소하게 여길 수 있는 일상 속 대화엔 의외로 귀한 가치가 많이 숨어있다. 왜일까. 수다에는 심리적 장벽을

허무는 힘이 있어서다. 별 대수롭지 않은 애기를 주고받으며 우리는 상대를 더 친숙하게 느낀다. 특히 인터뷰를 시작할 때 사변적 대화는 긴장을 풀어주는 좋은 양념이다.

내 앞에 앉은 인터뷰이가 가슴에 달고 온 배지, 가방에 매단 노란 리본, 스마트폰에 엮은 고리에도 눈길을 주고 물어보자.

마주 앉은 마음

"인터뷰에서 가장 중요한 요소는 뭐예요?"
인터뷰를 주제로 강연을 할 때 이런 질문을 자주 받는다. 섭외의 기술과 준비 같은 것들을 말하지만 결국 내가 마지막에 강조하는 건 마음이다. 나는 지금 '사람'을 인터뷰하고 있다는 사실, 내 앞에는 '마음이 있는 한 존재'가 있다는 사실을 잊어버리면 안 된다고 말이다. 관심도, 신뢰도, 공감도, 공명도 다 그에서 비롯되기 때문이다.
인터뷰는 마음과 마음이 이어지는 일이다. 그 이어짐으로 공감이 생기며, 그 공감을 바탕으로 쓴 인터뷰가 세상에 나와 독자들과 만났을 때 공명을 만든다. 그러니 인터뷰의 시작도, 끝도 결국은 마음이며 그것은 태도로 드러난다.

인내심이
필요해

엄마들은 '미괄식'에 익숙하다. 쉽게 말해 정상에 다다르기까지 여러 고개가 나온다. '아! 그래서 이랬다는 거구나' 싶으면 다음 고개를 향해 이야기가 흘러간다. 예를 들면 이런 식.

"내가 김해에서 사범학교 졸업하고, 대성초등학교에서 교편생활을 했어요. 4학년을 맡아서 하고 있는데, 겨울방학이 임박해왔을 때 우리 반 한 아이가 '선생님, 선생님. 누가 선생님 이름을 대면서 물어봐요' 하는 거예요. 당시에 부산에 군인들이 많이 와 있을 때였거든. 나가보니 대위 하나하고 어떤 할머니가 서 있어. 수업 끝나고 점심시간에 교감이 찾는대서 가보니 아까 본 군인하고 할머니가 있는 거예요. 직감적으로 이상하다고 느꼈지. 하루 이틀 뒤에 어머니가 '엊그제 누가 선을 보고 갔지' 하시더라고. 내가 제일 싫어했던 게 군인에, 장남, 키 작은 사람이었는데 그 세 가지에 다 부합하는 사람이었어."

'야구의 전설' 고 최동원 선수의 어머니 김정자씨를 인터뷰했을 때다. 무슨 질문에 이렇게 답한 걸까. '부군은 어떻게 만나셨느냐'는 물음이었다. 정리하면, '내가 교사로 근무했던 학교 교감의 중매로 남편과 결혼했다. 님편이 에미 시어머니와 함께 내 근무지로 와서 나를 보고 간 게 첫 만남이다'라는 얘기다. 이렇게 답했다면, 간명하겠지만 재미가 없다. 우리 엄마의 살아있는 말이 아니기 때문이다. 엄마들의 말 속엔 서사가 가득하다. 때로 '응? 무슨 얘기를 하시려고 그러나' 싶어도 인내심을 갖고 맞장구를 치며 경청해보자. 나도 몰랐던 엄마의 과거 감정, 크고 작은 에피소드가 선물처럼 숨어있다.

인터뷰,
누군가에겐 숨구멍

인터뷰 장소에 인터뷰이가 늘 최상의 컨디션으로 나오는 건 아니다. 인터뷰이가 지쳐 보이면 인터뷰어도 조심스럽다. 식당을 하며 선한 영향력을 퍼뜨리는 것으로 유명한 이를 만났다. 밝은 성격일 거라고 내심 짐작했었나 보다. 무심코 컨디션을 묻는 말에 그는 "힘들다"고 했다. 한참 지친 이유를 설명하던 그는 이렇게 말했다. "그래서 한 번쯤 그런 말을 할 수 있는 인터뷰를 하고 싶었어요."

그런 마음의 결까지 들어주는 인터뷰가 필요했던 거다. 인터뷰는 결국 독자들의 것이지만, 바탕은 인터뷰이와 인터뷰어의 소통이다. 두 사람 사이에 공감과 치유, 위로가 일어나면 그 에너지는 독자들에게도 전달된다.

그렇기에 인터뷰이가 인터뷰를 하면서 어떤 마음이었는지가 내게는 무척 중요하다. 인터뷰를 마친 뒤, 내 앞에 앉았던 그가 말했다. "하고 싶은 말이 나와서 정말 좋아요. 제 인생에 또 다른 숨구멍이 되었어요. 감사합니다."

그보다 더한 칭찬이 있을까. 묻고, 듣고, 썼기에 가능했던 일이다. 누구나 할 수 있다. 하물며, 내 엄마가 살아온 삶과 속내, 엄마의 역사를 경청하고 남기는 건 얼마나 가치 있는 일인가.

오감을 동원한 관찰

인터뷰는 말만 듣는 행위가 아니다. 앞에 앉은 인터뷰이가 그 말을 할 때 표정과 행동, 눈빛, 시선의 방향, 숨소리까지 보고 듣고 느끼는 일이다. 인상적인 표현이나 행동을 할 때 그래서 나는 나중에 알아볼 수 있도록 단문으로 기록을 해둔다.

그런 묘사를 해두어 좋은 게 또 있다. 인터뷰이가 오롯이 내 몸 곳곳에 기억된다는 것. 글은 노력을 배신하지 않는다. 인터뷰가 끝난 뒤 기록만 다시 읽어봐도 그때 그의 음성이 기억 속에서 재생될 것이다.

오감을 동원한 관찰은 인터뷰 글도 풍부하게 만든다. 읽는 사람도 마치 인터뷰 현장에 함께 있는 것 같은 느낌이 든다. 그런 스케치가 쌓여 글의 몰입도가 된다.

대체 왜 그렇게까지 해야 하나? 그의 인생에서 중요했던 그 순간을 말할 때, 그를 오감으로 관찰할 수 있는 사람은 나뿐이었으니까.

글쓰기의 왕도
① 역발상

글에서 가장 중요한 건 시작이다. 일단 첫 문장을 쓰면, 글은 풀린다. 그런데 이 첫 문장을 쓰기가 쉽지 않다. 십수 년째 직업으로 글을 써온 나도 그렇다.

그럼, 글의 시작은 대체 어떻게 해야 할까. 종류 불문, 내가 가장 중요하게 여기는 요소는 호기심이다. 읽는 이의 관심을 자극하는 문장이어야 한다는 뜻이다. 그건 또 뭘까. 의외성이 있는 신선한 문장이다.

그 첫째 비법은 역발상이다. 1980~90년대를 풍미한 부부 가수 정태춘·박은옥씨를 인터뷰한 적이 있다. 그 인터뷰의 시작은 "박은옥·정태춘"이었다. '정태춘·박은옥'은 장년층에겐 고유명사처럼 각인돼있다. 그런데 그 순서를 바꿔 쓴 거다. 정태춘씨가 쓴 붓글(붓으로 쓰는 글을 그는 이렇게 표현했다)에서 얻은 아이디어다. 그가 왜 아내의 이름을 앞세워 글을 썼는지 설명하며 인터뷰 글을 이어나갔다. '정태춘·박은옥'으로 살아온 시간을 이 두 사람이 각각 어떻게 생각하고 있으며 그 시간들이 어떻게 교차했고 평행선을 이뤘는지 풀어나가기에 좋은 시작이었다.

글쓰기의 왕도
② 반전

시작하는 문장의 둘째 비법은 '반전'이다. 예상치 못한 내용만큼 사람의 눈과 마음을 잡아당기는 내용은 없다. 유명 메이크업 아티스트 정샘물씨를 인터뷰했는데, 이런 얘기를 했다.
"이한열 열사가 죽은 날 저도 시위장소였던 연세대에 있었어요."
이름 자체로 브랜드인 국내 정상의 메이크업 아티스트와 1987년 6월은 왠지 잘 연결되지 않는다. 심지어 그가 만 열여섯 살 때다. 알고 보니 극심한 생활고로 고교 내내 연세대에서 아르바이트를 하며 학비를 벌었던 거였다. 그로부터 30년 뒤 그는 그 대학 강단에서 강의를 한다. 그런 드라마 같은 스토리를 풀어나가기에 얼마나 좋은 한마디인가.

글쓰기의 왕도
③ 솔직한 고백

인터뷰이에게서 받은 자극을 독자들에게 선포하는 것도 시작의 한 방법이다. 인터뷰이에게 나도 모르게 가졌던 선입견을 고백하는 것으로 글의 서두를 쓴 적이 있다. '코러스 전문 가수' 김효수씨 인터뷰가 그렇다. 그를 인터뷰해 쓴 글의 시작은 이랬다.

"대부분 가수가 못돼서 코러스를 한다고 여기고 측은해 하죠." 마음을 들킨 것 같았다.

이런 서두를 택한 건 그가 인터뷰에서 나의 선입견을 아주 상쾌하게 깨줬기 때문이다. 그는 '톱'이 아니라 '온리 원' 그러니까 유일무이한 코러스 가수를 꿈꾸는 사람이었다. 아마도 나뿐 아니라, 대부분 대중의 시선도 나와 비슷했을 것이라는 데에 생각이 미쳤다. 그렇다면, '우리 모두 그렇게 생각했겠지만, 알고 보니 틀렸어요!'란 선언으로 시작하는 것도 좋지 않겠나.

한 가지 염두에 둘 게 있다. 이런 시작을 택할 때 고려해야 할 요소다. 단순한 개인의 고백이어서는 첫 문장으로서 의미가 없다는 점이다. 인터뷰에서 가장 부각시키고 싶은 주제를 드러내는 상징적인 사례거나 장면이면 적절하다.

디어 마더를 하며 함께 읽으면 좋은 기사

'엄마를 인터뷰한다' 어려우신가요?
자기의 삶을 기록하는 보통사람들,
엄마의 자서전을 쓰는 아들과 딸,
그리고 인터뷰 기사로 나온 엄마들의
이야기까지.
엄마 인터뷰를 진행하시는 여러분에게
가이드가 될 수 있는 기사의 일부분을
소개합니다.
스마트폰으로 QR코드를 찍으면 기사
전문을 보실 수 있습니다.
'디어마더'를 통해 엄마의 역사를
기록하는 당신을 응원합니다.

"내 삶도 역사의 한 조각" 기록자가 된 보통사람들

-2018. 11. 24 김혜영 기자

기억은 세월 속으로 사라진다. 우리 삶과 존재도 마찬가지다. 애써 기록하고 간수한 것만 예외다. 보통 숨 가쁜 일상을 물려놓고 기록, 분류, 보존에 공들일 수 있는 이는 대체로 권력자다. 조선왕조실록, 승정원일기 등 왕의 기록이나 큰 흐름을 반추한 거시사(巨視史)만이 주로 후대에 전달되는 이유다. 미처 적고, 남길 겨를 없이 생계, 부양, 투쟁에 몰두하는 평범한 이들의 삶과 존재가 쉬이 흩어지고 사라지는 까닭이기도 하다.

이에 대한 반작용일까. 자성일까. 보통 사람들의 기억을 되살리려는 움직임이 심상치 않다. 생애사 집필, 생애구술사 채록, 옛 사진 공모, 수몰마을 생활사 기록, 시민 아키비스트(archivist·기록활동가, 아카이빙 전문가) 양성 등. 전국이 뜨겁다. 각 지방자치단체나 문화재단이 시작한 시도들이 다양하다. 시민들을 교양강의와 공모전으로 초대하고, 이를 통해 왕의 역사에 가려 보이지 않던 이들의 일상사, 생활사, 문화사 등 미시사微視史를 복원한다.

역사책의 분량은 온통 전쟁, 건국, 투쟁, 혁명, 정권교체에 할당될지라도, 그 시절 때로는 숨죽이며 때로는 태연하게 시대를 목도하고 일상을 산 이들의 기억도 소중한 사료라는 자각 때문이다. 결락 없이 생생한 일상사가 함께 전달될 때, 비로소 '완성된 역사의 교훈'을 후대에 전달할 수 있다는 취지다. 이런 동기부여 덕인지 보다 적극적으로 자신과 이웃의 기억을 정리, 수집, 분류, 보존하려는 인간이 곳곳에서 출현한다. 바야흐로 '호모 아키비스트(Homo archivist·기록하는 사람)'의 시대다.

최근 찾은 경북 안동시 화성동 경북유교문화회관 강의실에선 '제4기 경북 시민 아키비스트 양성 아카데미' 수업이 한창이었다. 안동시와 경북기록문화연구원(이하 연구원)이 지난해 이 과정을 개설했다. 생애기록물을 완성하고, 이 중 아카이빙(archiving·기록수집 및 정리)에 흥미를 느낀 시민이 지역의 미시사를 수집·기록하는 활동가로 뛰도록 하는 게 강의의 목표다. 토박이 공무원, 미국 이민생활을 마치고 귀국한 교수 부부, 다큐멘터리 사진작가, 대학생 등 다양한 참가자들이 저마다 기억 조각을 움켜쥐고 수업에 집중했다.

권윤대(59) 도산면장은 집 안 구석구석에서 찾아낸 사진을 꺼내 가만히 만졌다. 예안향교, 도산서원, 농암종택, 퇴계종택이 자리한 안동시 도산면에서 그는 나고 자랐다. 수도는커녕 전기도 들어오지 않던 마을이 천지개벽하는 동안, 그는 유년기와 39년의 공직생활을 통과했다. 어디서부터 꺼내야 할지 모를 추억의 너울이 일렁였다.

> "이건 첫애 태어났을 때고. 참, 이 병원은 이제 없어요. 이건 아내가 결혼 후 처음 친정에 가던 날 제가 쓴 편지. 요즘엔 이렇게는 안 쓸 테죠. 여긴 새마을운동이 한참일 때. 이건 천리천 옛날 모습이네. 이때는 공무원들이 매일 아침 나가 조기청소를 했거든요."

사진으로 채 남기지 못한 기억들도 불러 나왔다. 친구들과 동태를 굴리며 놀다 동상에 걸린 발을 시원하게 하려고 몰래 콩 자루에 넣던 일, 재주 많은 아버지와 동네 어른들이 힘을 모아 한옥을 짓던 날, 유일하게 쌀이

섞인 할아버지 밥상의 남은 음식을 차지하려 형, 누나들과 서로 다투던 저녁, 나룻배를 타고 첫 소풍을 가던 누나를 부러워하던 추억.

그는 "마을의 80세, 90세 어르신 한 분이 돌아가시면 민속박물관 하나가, 백과사전 한 권이 사라졌다는 생각을 자주 했다"라며 "내 기억도 한 번쯤 정리해두면 좋겠다는 마음에서 시작했는데 기대 이상으로 뜻깊은 시간을 보내고 있다"고 했다. 어려웠던 시절이라 아무리 뒤져도 시골집이 나오는 사진은 1980년대 뒤늦게 찍은 딱 한 장, 어머니와 둘이 찍은 사진도 한 장뿐이라는 게 유일한 아쉬움이다.

평범하고도 귀한 기억 조각들

미처 기록되지 못했던 일상은 곳곳에서 찬찬히 표정을 드러냈다. 안동시 남문동에서 태어난 최호진(67) 포항공대 교수는 1975년 미국 이민을 갔다가 36년 만에 귀국한 지 몇 해 되지 않아 고향에서 생애사를 돌이키는 일이 새삼스러운 표정이다.

새끼공장을 운영하던 아버지가 짚을 털어 여기서 나오는 쌀로 끼니를 때웠던 어린 시절을 꼼꼼히 돌이키기 위해, 그는 가족들에게 들은 한마디 한마디를 모조리 떠올리려 애쓰는 중이었다. 아버지는 자주 말하곤 했다. "동란(한국전쟁)을 피해 청도로, 대구로 피난 가던 그 난리 통에 기차 객실에서 죽었는지 살았는지 몰라 포대기를 살짝 열어 보면 너는 곤히 잘 자고 있었지."

- 후략 -

전체 기사 QR코드로 한눈에 보기

'내 삶도 역사의 한 조각'
기록자가 된 보통사람들

엄마, 내가 몰랐던 한 여자 '엄마 자서전 쓰는 아들 딸들'

- 2019. 04. 13 김혜영 기자

한 무리의 사람들이 골똘히 들여다보고 있는 건 옛 사진 한 장이다. 흑백사진 속 여인의 꼭 다문 입매가 다부지다. 알맞은 각도로 눌러 쓴 베레모, 무릎을 덮는 클래식 코트, 단정하게 둘러맨 벨트. 마음먹고 차림새를 갖춘 채 렌즈 앞에 선 까닭이 궁금해지는 모습이다. 촬영 당일 사연이 쏟아질 것만 같은 사진의 배경을 유추하는 데 관찰자들의 온 집중력이 쏠려 있었다.

사진을 들고 온 마을활동가 김명철(38)씨가 일종의 단서를 슬쩍 내밀었다. "제가 이 모자랑 옷을 다른 컬러 사진에서도 봤는데 녹색이에요. 밝은 녹색. 이런 녹색 베레모에 코트를 쫙 빼입고 이 시대에 프로필 사진 같은 걸 촬영했다는 걸 보면, 당시에 정말 자의식이 강했던 분이 아니었나 싶어요." 그는 이 사진을 마주하는 순간 처음으로 깨달았다고 했다. 늘 헐렁한 차림으로 가족의 끼니를 챙기느라 분주했던 '엄마'에게는 내가 모르는 무언가가 있다는 사실을.

> "제가 이 자리에 오게 된 이유가 그것 같아요. 엄마에게도 자기 정체성이, 자의식이, 내가 모르는 수많은 이야기가 있을 텐데, 그 이야기에 대해 나는 전혀 아는 바가 없다는 점. 내가 이제껏 몰랐던 것들이 뭔지 궁금하다. 그런 관심이 이제서야 밀려든 거죠."

지난달 23일 서울 관악구 소재 서점 '달리 봄' 한쪽에 마련된 티테이블에선 각자가 품고 온 '엄마 사진' 관찰이 한창이었다. 소셜벤처(사회적기업) '허스토리'가 마련한 '내가 만드는 엄마의 자서전' 워크숍의 한 과정이다. 궁극적 목표는 각자 아마추어 구술 생애사 작가가 돼 엄마의 자서전을 완성하는 것. 이를 위한 인터뷰 준비 과정이자 사전 계획의 첫 걸음이 시작된 터였다.

창 밖의 아직 차고 시린 바람과 잔잔히 내리는 봄비를 뚫고 서점에 들어선 대여섯 청장년들이 각자 엄마 사진을 가만히 매만지는 손길이 조심스러웠다. 지금의 나보다 어린 엄마의 사진을 응시하는 생경함, 당시 엄마에 대해 전혀 아는 바가 없다는 막연함, 그 다채로운 시절에 비하면 부쩍 창백해진 현재 엄마 모습에 대한 애잔함. 각각의 감정 뭉치가 만든 침묵이 작은 서점 안에 가득 내려 앉았다.

가만한 집중이 이어지자 류소연(30) 허스토리 대표가 나지막한 목소리로 적막을 깼다. "늘 잘 안다고 생각했던 엄마라는 사람에 대해 우리는 더, 제대로 알고자 합니다. 낯설게 느껴지시죠. 떠오른 것들을 글로 적으며 생각을 다듬어 보세요. 다양한 질문을 미리 끄집어내 보면, 각자 인터뷰할 때 더 풍성한 대화가 가능하겠죠."

각자의 노트 위에 엄마를 적어가면서 서점은 더 깊은 적막에 사로잡혔다. 양손으로 턱을 괴고, 연필을 까딱까딱 흔들고, 미간을 찌푸려봐도 '모르는 것 투성이'라는 자각만이 선명해진다. 자식인 나도 모르면 대체 누가 안단 말인가. 내가 안 써두면 대체 어디에 남는단 말인가. 미처 기록되지 못한 인류, 그 가운데 우리 엄마를 복원하겠다는 시도는 그렇게 시작되고 있었다.

워크숍을 기획한 허스토리는 두 역사학도가 세운 사회적 기업이다. 자서전 출판과 관련 교육, 서점 운영 등을 해나간다. 류소연 대표, 주승리(27) 팀장이 각각 구술생애사 방식으로 할머니와 엄마의 자서전을 쓴 경험을 계기로 여성들의 자서전을 제작하는 일에 뛰어들었다. 구술사 기록은 주로 문헌에서 소외된 이들의 목소리를 인터뷰를 통해 수집하고 해석하는 질적 연구 방법이다. 기존의 역사에서 누락되기 쉬운 여성, 노인, 지방민, 소수자의 역사를 복원할 때 자주 쓰인다.

묻기 시작하니, 비로소 복원됐다

주 팀장은 직접 엄마의 자서전을 만들면서 "엄마에 대해 제대로 알게 됐을뿐더러, 눈물 흘리는 모습도 처음 봤다"라며 "더 많은 어머니가 기록돼야 한다는 생각, 또 이 개개인의 역사가 만드는 더 큰 여성의 역사가 기록되지 못한 채 사라지게 돼선 안 된다는 생각이 강하게 들었다"고 했다. 그가 엄마 신은영(54)씨에게 온갖 질문을 본격적으로 쏟아낸 것도 자서전을 쓸 때가 처음이었다. "엄마는 왜 어릴 때 사진이 없어?", "아빠랑 결혼하고 나서 어땠어?", "엄마는 언제부터 절에 다녔어?"

엄마는 그제야 비로소 경제적으로 한참 어렵던 옛 시절, 마지막 선택으로 향했던 서초동 비닐촌 1.5평 이야기를 풀어냈다.

- 후략 -

전체 기사 QR코드로 한눈에 보기

엄마, 내가 몰랐던 한 여자
'엄마 자서전 쓰는 아들 딸들'

"생전에 왜 묻지 않았을까" 후회가 만든 노명우의 부모님 자서전

- 2019. 03. 22 김지은 기자

'노명우'라는 책이 있다. 자식 누구나 그렇듯 예상치 못한 부모의 죽음이 주인공 노명우를 덮쳤다. 아흔의 아버지에게 치매 증상이 온 것이다. 더욱 애처로운 건 정신이 온전치 않은 아버지보다 어머니였다. 아버지 병수발은 팔순이 다 된 어머니 몫이었다. 끝까지 아버지에게 매인 삶이 아들 노명우는 애처로웠다. 무슨 운명의 장난인지. 이번엔 어머니에게 폐암이 찾아왔다. 아버지가 세상을 뜬 지 불과 9개월 만이었다. 진단을 받고 5개월이 채 되지 않아 어머니도 그의 곁을 떠났다.

그리고 나서야 깨달았다. 아버지, 어머니가 아닌 한 인간으로서 부모의 인생을 제대로 물어보지 못했다는 것을. 늘 내 곁에 있으리란 막연한 자신감이 호기심을 지연시킨 결과였다. 뒤늦은 자각을 한 그가 간신히 남긴 건 아버지 20분, 어머니 10시간짜리 음성 녹음뿐이었다. 부모의 삶을 이해하기에는 너무나 부족한 근거였다.

그러나 써야 했다. 부모의 인생을. 다행히 그는 사회학자였기에 부모가 살아온 시간을 객관적으로 해석할 수 있는 능력이 있었다. 1920년대부터 2016년까지 시대를 관통해 살다 간 평범하고 평범한 남성, 여성으로서 지닌 보편성과 특수성을 통계와 영화, 기사에서 찾아냈다. 하지만 그것만으로 부모의 자서전을 쓸 수는 없었다. 자서전의 혼, 부모의 심정이 담겨야 했다. 그것을 헤아리러, 그는 부모의 고향부터 통학로, 유랑의 행적까지 좇았다. 산동네와 산 아래의 천지차이에 유년의 어머니가 느꼈을 초라한 동경, 만주 봉천(현재의 중국 선양)에서 '모던 보이'를 꿈꿨을 청년의 아버지가 그려졌다. 그렇게 부모의 '인생극장'을 탈고했다.

그와 동시에 이 책 노명우의 클라이막스도 시작된다. 기록에서 그치는 게 아니라 부모를 기억하고 싶었다. 부모의 유품을 정리하면서 생각했다. "사람을 기억한다는 건 무얼까. 그건 결국 그가 못 다 이룬 꿈을 기억하는 것이 아닐까 싶었어요. 이룬 꿈이 아니라." 넋을 기린다는 건 그런 의미일 것이다.

그래서 책방을 열었다. 돈은 충분히 벌었지만, 책은 가

까이 하지 못했던 부모를 기억하는 공간. 책은 부모와 자신을 연결하는 매개이기도 했다. "아버지와 엄마는 책 읽는 저를 보는 걸 좋아했거든요." 자신의 성씨 자음에서 따온 '니은서점'이라는 동네 책방은 그래서 박물관이기도 하다. 어머니가 늘 앉아서 자신을 배웅했던 의자, 가장 좋아했던 모자, 영세를 받던 날 어머니와 함께한 아버지의 미소가 그곳에 있다.

부모를 기억하는 공간으로서의 의미만 있는 건 아니다. 니은서점은 동네 사랑방을 꿈꾼다. 이곳에서 동네 사람들은 책 이야기를 하다 처음 본 사람과 친구가 되기도 하고, 대학에 들어간 조카에게 선물할 책으로 뭐가 좋을지 북텐더(바텐더처럼 손님에게 적합한 책을 골라주는 니은서점의 직원)에게 긴 상담을 한다.

책 노명우의 절정은 이 서점이 '노명우 띠지'를 두른 책 천 권으로 가득 차는 날이 될 듯하다. 노명우 띠지가 뭐냐고? 지금부터 함께 이 책 노명우의 첫 장을 넘기면 알 수 있다.

돌아가시고 나서야 깨달았다

책을 여러 권 낸 사회학자지만, TV 예능 프로그램 '김제동의 톡투유'에 패널로 출연하면서 더욱 유명해졌죠.

"맞아요. 그런데 원래 TV란 매체는 저와 맞지 않다고 생각해서 여러 번 출연 제의를 고사했었어요. 얼굴이 알려져서 나를 잘 모르는 사람이 나에 대해 함부로 재단하는 것도 싫었고요. 그런데, 출연을 마음먹은 건 엄마 때문이었어요. 아버지가 돌아가시고 나서 엄마까지 암에 걸리셨죠. 병원에서는 길면 6개월 사실 거라더군요. 마음이 급했어요. 내가 엄마를 위해 해드릴 수 있는 건 무얼까. 정말 세속적이긴 하지만, 엄마는 출세는 곧 TV 출연이라고 믿는 세대였거든요. 종종 '너는 언제 TV에 나오니'라고 물으시기도 했고요."

그때 제의가 온 건가요?

"어머니가 2016년 6월 초에 돌아가셨는데 그 해 4월 톡투유 제작진한테 연락이 왔죠. 그래서 첫 방송은 보셨어요. 한 번만 보신 게 아니라 보고 또 보고 정말 여러 번 보셨죠. 그래서 두 번째 녹화 때는 방송사에

양해를 구해서 어머니가 녹화 현장에 오실 수 있도록 했어요. 그런데 녹화 전날 어머니가 응급실에 실려 가셨고 이틀 뒤에 돌아가셨죠."

그 뒤에도 녹화할 때 어머니 생각이 많이 났겠네요.
"그렇죠. 녹화 때마다 그랬어요. 운 적도 있죠. 저와 비슷한 방청객의 사연을 듣다가. 감정을 절제하려고 했는데도 잘 안돼서 눈물이 났어요."

왜 부모의 자서전을 써야겠다고 생각했나요?
"처음에는 한국 고전영화로 부모 세대의 삶을 조명하는 책을 쓰려고 했어요. 학생들에게 한국 근·현대사를 생생하게 전할 수 있는 방법이기도 했죠. '세상물정극장'이라고 이름을 붙여서 영화를 함께 보고 토론하는 프로그램을 만들었어요. 일주일에 한 번 했는데 엄마가 열심히 참석하셨어요. 아주 좋아하셨죠. 아버지 병수발에서 유일하게 해방될 수 있는 외출이기도 했고요. 엄마와 영화 얘기를 하다가 자연스럽게 옛날 얘기까지 하게 되면서 책의 기획이 바뀌었죠. 고전영화를 엄마, 아버지 인생과 결부 시켜서 써보면 어떨까 하는. 처음에는 아버지 자서전을 쓰던 중이었어요. 그런데 중간에 엄마마저 병에 걸리셨다는 걸 알게 되면서 인생극장의 주인공을 단독 캐스팅에서 더블 캐스팅으로 바꾼 거죠. 어머니가 살아 계실 때 책을 완성하고 싶었지만 그러지 못했어요. 어머니가 이 책이 나오면 출간 행사 하는 것까지 보고 싶다고 하셨는데…"

- 후략 -

전체 기사 QR코드로 한눈에 보기

"생전에 왜 묻지 않았을까"
후회가 만든 노명우의 부모님 자서전

걸그룹 멤버 엄마, 소매치기 어린 시절 딛고 100명의 자식 거두기까지

- 2019. 12. 27. 김지은 기자

불현듯 그에게 다가온 구원. "아이고마, 참 잘하네! 니는 평~생 미용해서 먹고살 팔자 같다." 고등학교를 그만두고 일하기 시작한 미용실 원장의 칭찬이었다. 이 한마디가 삭막하고 막막했던 열일곱 인생에 자존감과 자신감의 샘을 파 주었다. 태어나 처음으로 들어본 긍정의 말이었다. 한마디의 힘을 그래서 깨닫게 됐다. '나도 나중에 절박한 이들에게 내 기술을 대가 없이 나눠야지.' 미용실 원장은 그가 그때까지 만나 보지 못한 선한 어른이었다.

그도 그럴 것이, 여덟 살 때부터 한 살 터울 언니 손을 잡고 소매치기를 해야 했다. 돈을 벌기는커녕 술과 노름에 빠져 빚만 져온 아버지는 딸들을 버스터미널과 기차역으로 내몰았다. 시키는 대로 소매치기를 하지 않으면 자신이, 언니가, 엄마가, 남동생이 지긋지긋한 폭행에 시달려야 했다. 나쁜 일인 줄 알면서도 선택의 여지가 없었다. 어린 그는 생각했다. '아, 누군가 내게 손을 내밀어 주면 좋겠다. 누구든 내 손을 잡고 끌어 준다면 고아원이라도 따라갈 텐데.' 간절한 바람과 달리 자매들에게 손을 뻗은 건 또 다른 악마였다. "힘들재? 나랑 쉬러 가자, 빵 줄게." 달콤한 아저씨 말에 따라간 곳은 한적한 사무실. 언니에게 몹쓸 짓을 하려던 그 자를 밀쳐내고 자매는 죽도록 뛰어 도망쳐 나왔다.

열일곱 살에 만난 미용실 원장이 그의 인생을 바꿔 놨다. 힘들 때 손을 내밀어 주는 어른의 한마디가 지닌 힘을 일찍이 깨달은 계기다. 그가 자식 셋뿐 아니라 100명이 훌쩍 넘는 아이들의 또 다른 엄마가 되어 줄 수 있었던 이유다.

경북 구미시 황상동에 있는 임천숙(45) 원장의 미용실('천찬경 머리이야기')은 오갈 데 없는 10대들의 오랜 쉼터다. 1999년 이곳에 문을 연 즈음부터 그랬으니 벌써 20년이다. 집이 있지만 들어가지 못하는 아이들, 부모 노릇에 손 놓은 부모를 가진 아이들이 꼬리에 꼬리를 물고 그의 미용실을 찾았다. 더러운 얼굴을 씻기고, 엉망인 머리칼을 다듬어 주고, 주린 배를 채워 주고, 교복을 사 입히고, 그만두겠다는 학교로 손을 잡아 끌고 갔다. 아예 데리고 산 아이들도 있다. 아이들은 처음엔 "아줌마"라고 부르다가 어느새 "이모", 나중에는 "엄마라고 불러도 돼요?"라고 했다.

'벌이가 좀 됐나 보네' 생각했다면 오산이다. 그는 아버지와 꼭 닮은 남편을 만나 수천만 원 빚까지 떠안고 이혼했다. 그가 가리키는 미용실 한편의 커튼 안이 살림집이었다. 좁은 방 두 개에 작은 부엌 하나가 딸렸다. 전체를 따져봐야 21평(69㎡) 남짓인 좁은 공간이지만 여기서 새 인생을 찾아 나간 아이들이 셀 수 없다. 여기는 '퀸덤'으로 다시 전성기를 맞은 아이돌 걸그룹 AOA의 찬미(23)씨가 자란 곳이기도 하다. 찬미씨는 임 원장의 둘째 딸이다.

임 원장의 미담이 슬금슬금 퍼지며, '찬미의 진짜 금수저 엄마'라는 별칭이 생기기도 했다. 하지만 정작 임 원장은 손사래를 쳤다. "그런 얘기가 나올 때마다 좀 그래요. 우리 애들한테 나는 한참 모자란 엄마거든요. 찬미한테 막내 맡기고 다른 미혼모 아이 뒷바라지하러 다니기도 했으니, 생각하면 너무 미안해요."

채 150㎝가 안 되는 작은 키에 긴 머리를 한 소녀 같은 모두의 엄마, 임 원장을 23일 마주했다. 그는 "언론과 인터뷰가 처음"이라며 쑥스럽게 미소 지었다.

그간 인터뷰 요청이 많았을 텐데요.

"많이 거절했죠. 하지만 이번 인터뷰는 제 인생을 말하는 거니까 다르다고 느꼈어요. 그간 나간 인터뷰 목록을 보고 '해도 나쁘지 않겠다' 생각했죠. 그런데, 제가 이런 인터뷰를 할 인물이 되나요? 다만, 그런 걱정이 들었죠. 하하."

딸들과 상의했다고 하셨잖아요. 반응이 어땠나요.

"저는 뭔가 큰 결정을 하기 전에 늘 딸들과 상의를 해요. 이번에도 단체 카카오톡(단톡방)으로 가족회의를 했죠. 큰애 경미(24)와 막내 혜미(16)는 '우와, 대박!'이라면서 괜찮을 것 같다고 하더라고요. 찬미가 좀 걱정이 됐죠. 찬미 회사를 통해 제의가 많이 들어왔지만 제가 여러 번 거절했거든요. 그런데 찬미도 '먼 훗날 되새겨봤을 때 좋은 추억이 될 것 같다면 하면 좋겠어'라고 하더군요."

미용실은 어떻게 하게 됐나요.

"제가 집안 형편 때문에 고1 때 자퇴를 했어요. 미용실은 그러니까 (우리나라 나이로) 열일곱 살 때 처음 가게 됐죠. 동네 아주머니가 '야야, 엄마 힘든데 용돈

이라도 벌어야지. 나 따라와 봐라' 해서 갔더니 미용실이더라고요. 그 해 7월부터 일했죠."

그 전에 미용사가 되어야겠다고 생각한 적이 있나요.
"아니요. 일단 돈을 벌어야 하니 갔어요."

학교까지 그만둘 정도로 집이 어려웠나요.
"(고개를 끄덕이며) 그래서 언니는 고2, 저는 고1, 남동생은 중2 때 모두 학교를 그만뒀어요."

빚이 많았나요.
"빚도 있었지만, 아버지 때문이죠."

아버지는 어떤 분이었나요?
"(나지막이 한숨을 쉬며) 지금은 돌아가셨는데, 음… 흔히 말해 집에서는 독불장군, 밖에선 호인이었죠. 술 좋아하시고, 노름도 좋아하시고. 제 기억에 딱히 직업이 없었어요. 제가 초등학교 1, 2학년 때부터는 아버지가 언니랑 저를 데리고 다니면서 안 좋은 일을 많이 시켰죠."

뭔가요?

"소매치기요. 언니와 제가 (소매치기를 해서) 뭔가를 안 가져가면 아버지한테 맞으니까 어쩔 수 없이 했는데, 하면서도 이런 생각이 들더라고요. 누군가 어른이 나한테 손을 내밀어 주면 그 손을 잡고 가고 싶다는. 그런데 아무도 잡아 주는 사람이 없더라고요."

- 후략 -

전체 기사 QR코드로 한눈에 보기

[삶도] 걸그룹 멤버 엄마,
소매치기 어린 시절 딛고 100명의
자식 거두기까지

"무쇠팔 최동원 내 아들아, 하늘서도 '엄마 손은 약손~' 들리나"

- 2021. 01. 01 김지은 기자

"동원아, 내 아들 잘 있나. 이제 아프지도 않고 행복하제? 거기도 니 좋아하던 클래식 노래가 있나. 거는 고통도, 걱정도 없는 참 좋은 세상이겠제? 엄마는 오늘 서울서 부산일보의 기자들이 이 먼 데까지 내리와가 얘기를 나누고 있다. 하고마, 우짜노. 내가 와 한국일보를 부산일보라 해뿌릿나…"

괜찮습니다. 여든 여섯, 그 연세 엄마들의 흔하고 귀여운 실수인 걸요. 배시시 웃는 이 분, 야구의 전설이라 불리는 '무쇠팔' 투수 최동원 선수(2011년 53세로 작고)의 모친 김정자(86)씨입니다.

"동원아, 니 기억 나나. 토성중학교(경남중) 때인가, 경남고 때인가 엄마가 (교사로) 근무하던 학교에서 행사가 있어서 다른 학교 선생님들이 온 기라. 양과자점에서 간식을 대접하는데 선생님들이 그러는 기다. '이 봐라, 이 봐라. 듣자니까 마 이 학교에 최동원 선수 어머이가 있다 카던데. 사실이가?' '그렇단다.' '정말이가, 정말이가?' 내가 싱긋 웃음서 '내가 최동원이 어머입니더' 하니 다들 깜짝 놀래가 '참말입니꺼, 참말입니꺼' 되묻는 기라.

그날 마음이 너~무 좋길래 저녁에 집에서 '동원아, 동원아. 니는 '어머이가 국민학교(초등학교) 선생인가' 하고 누가 물으면 좀 챙피하제?' 하니까, 니가 '어무이! 무슨 말을 합니꺼. 나는 어무이가 학교 선생님이라 얼마나 자랑스럽고 좋은데예. 우리나라의 새싹들을 가르치는 귀한 일을 하시는 거 아입니꺼' 했제. 그 말이 얼마나 좋았던가 '아이고! 내 아들아, 엄마 그럼 앞으로 어깨 쭉 피고 다닐꾸마' 하면서 꽉 안아줬제."

엄마의 눈 앞엔 열일곱 아들이 있는 듯합니다. 눈까지 질끈 감고 저릿하게 안는 시늉을 하며 그날을 떠올립니다. 아들 삼형제 중 맏아들인 최동원 선수를 엄마는 스물셋에 낳았습니다. 63년 전이지만, 태몽을 잊을 리가요.

"낮잠을 이래 자고 있는데 뱀이 내 발끝에서부터 슬슬 기서 배까지 올라오는 기라. 너무 징그러버서 몬 올라오게 두 손으로 꽉 쥐았다. 그 바람에 놀래서 깼제. 일어나 보니 아무것도 없고 등어리서 땀이 줄줄 흐르는 기라. 그때는 그기 태몽인지 몰랐제. (부산) 범일동에 있는 산부인과서 낳았는데, 아가 너무 커가지고 엄마가 좀 고생을 했다. 근데 힘들게 낳아서 동원이 니를 봤는데 요 인중에서 턱까지보다, 이마 길이가 더 긴 기라. 아가 안 나와가 너무 쉬고, 쉬고 해서 그랬는가, 마 '우짤끼고' 싶어서 틈 나는 대로 얼굴을 위아래로 눌라줬제. 석원이랑 수원이 때는 그래 몬 했는데 동원이 니는 세 살까지 엄마 젖을 뭇다. 그 덕분인가 국민학교 때도 다른 친구들보다 힘도 세고 등치도 컸구마."

죽을 뻔한 아들 두 번이나 살렸는데...

자식 키우며 가슴 철렁한 일이 왜 없었을까요.

"지금 생각해도 마 식겁한 일이다. 니 어릴 때 두 번이나 죽을 뻔 한 거를 살렸다 아이가. 한번은 아였을 때 구덕(공설)운동장에서 시민의 날이라꼬 탈렌트도 오고, 가수도 오고 행사를 해서 동원이 니를 업고 구경을 갔제. 근데 마 빗방울이 한두 방울씩 떨어지는 기라. 집이 가까우니까는 바로 우산 가지러 가는데 비가 막 쏟아지는 기다. 길가 처마 밑으로 가 쉬는데 사람들이 마 (운동장에서) 쏟아져 나오다가 엉기고 깔려서 큰 사고가 났다 아이가. 죽은 사람이 그렇게 많아. 나중에 그기 신문에도 났어. 내가 그때 얼마나 놀랬는지 마 '아이고, 감사합니다, 감사합니다' 했다. 내가 그때 우산 가질러 간다꼬 안 나왔더라면 우쨌으까 싶은 기제. 그런 기 지금도 엄마는 생~생해.

니 국민학교 다닐 때는 이런 일도 있었다. 하루는 야구 연습하고 와서 너무 피로한 거 같다고 하기에 니 아부지가 오늘은 아들 옆에 가서 자는 기 어떻겠냐고 해서 니랑 동생들 사이에 마 낑기가 잔 일이 있지 않나. 너그는 엄마가 함께 잔다고 마 좋다꼬 했제. 근데 잠이 이래 들라 카면 뭣이 탁 하는 소리가 나. 불을 켜니까 동원이 니가 공중으로 팔, 다리를 마 올리고는 덜덜덜 떨고 난리가 났어. 내가 막 고함을 질러서 할무이, 할아부지, 아부지 온 가족이 다 깨서 달려왔제. 통금 시간이어도 골목으로 의사를 막 불러가 델꼬 와서 보니, 니 가슴부터 열고 보더꾸마. 그러더니 심장께에 주사를 주더니마는 옆으로 누파 놓고 등어리를 이래 몇 번 쓰다듬고는 몇 번 탁탁탁 치니까 뭣이 입에서 튀어 나와. 껌인 기라. 껌을 씹다가 잠이 들어가 그기 목구멍에 늘어붙어서 맥히니까 숨이 안 쉬어진 기제. 의사 선생님이 '인자 됐습니다' 하는데, '어쩔 뻔 했노' 싶어서 가슴을 쓸어 내렸다 아이가. 지금 생각해도 눈앞이 캄캄하고 아찔하다."

엄마의 입에서 엄마도 모르게 안도의 한숨이 새어 나옵니다.

"동원이 니는 참 의지가 강했다. 국민학교 2학년 때 니가 하고 싶다 하기도 했고, 체격이 커서 살이나 뺄까 싶어서 재미로 들어간 야구부 감독님이 제대로 해 보면 어떻겠나 묻기에 가족회의를 안 했나. 할아부지랑 아부지는 '본인이 할라 카기만 하면 좋다' 이라고, 할무이는 '아이고, 장손인데 운동하다 다치면 우짜노' 걱정을 하셔서 마지막에 할아부지가 '니는 우찌 생각하노' 물으셨제. 엄마가 보기에는 동원이 니는 성적이 5등 아래로는 안 내려갔어도 머리가 좋아서라기보다 노력형이었거든. 본인만 꾸준히 한다 하면 운동을 시켜도 뼈대도 굵고 힘도 세니까 잘 하지 않겠나 싶었제. 그래 마 마지막으로 아부지가 니한테 물은 거 생각 나나. '운동이란 거는 도중에 힘들다꼬 몬 하겠다 그럴라 하면 아예 시작 안 한 것만도 몬 하다. 니가 단디 생각을 해 가지고 결정을 내리라.' 그랬더니 니가 이랬제. '아부지, 나는 야구만 시켜 주며는 어떤 어려움이 있더라도 참고 뚫고 나가겠심니더.' 그 이야기를 하니까 할아부지가 '마 됐다' 하셨제.

그때부터 온 가족이 달려들어서 니 뒷바라지를 했지. 집에 밭이 너르니까 마운드도 만들고 그물도 사와서 연습장을 차린 기라. 아부지는 (그때만 하더라도 한국보다 선진적이라고 평가됐던) 일본 야구 중계도 보고 공부도 해가 지도를 했지. 학교에서도 연습을 하고 집에 와서도 그만큼을 했으니 다른 선수의 두 배는 했을 끼라. 나중에 동원이 니 공은 아무나 몬 따라 한다꼬 아무나 칠 수 없는 '마구'다 이런 이야기가 나온 기 다~ 그 연습 덕분 아니겠나. 구질 하나당 200개씩은 매일 연습을 했으니. 자전거 타이어를 몸에 두르고 오르막길에서 차를 끌고, 맨손으로 감나무 꼭대기까지 오르고… 그런 고된 연습을 할 때마다 엄마는 차마 볼 수가 없어서 고개를 돌린 적도 많다. 마 그때부터 커서

까지 야구하면서 질 때나, 팬들로부터 안 좋은 소리를 듣거나 해도 한~번도 '너무 힘들어서 몬 하겠다' 소리를 한 적이 없제. 나중에 보니 그기 얼마나 스트레스가 마이 쌓였겠노 싶어서 가슴이 아프다."

아들 응원하고 나면 체중도 줄어

사람들이 가장 많이 기억하는 1984년도 엄마에겐 기쁘기만 한 기억은 아닙니다. 롯데자이언츠의 간판이었던 최동원 선수는 삼성라이온즈와 붙은 한국시리즈에서 팀에 최초 우승을 안겼죠. 선발 4회에 구원 1회까지 모두 합쳐 5회 등판을 한 괴물 같은 투구였습니다. 얼마나 힘들었으면 우승 직후 소감을 묻는 기자의 질문에 "아이고~ 자고 싶어요"라고 했을까요.

> "몸을 안 애끼는 기는 니 아부지를 닮은 기가. 니 경기를 볼 때마다 내는 손깍지를 끼고 우찌나 용을 썼던지 나중에는 손가락이 푹푹 드가 있어. 하느님, 부처님 다 찾아 가면서 저 마운드에 서 있는 최동원이가 위기를 모면하게 해 달라고 용을 쓰는 기제. 눈을

감고 있는데도 내 영감에 '승'자가 보일 때가 있다. 그러면 노아웃 만루가 돼 있어도 그걸 다 잡아내고 점수를 하나도 안 주면서 해결을 해내는 기야. 그럴 때는 마 천국과 지옥을 왔다 갔다 한다. 그렇게 2시간을 용을 쓰고 나면 마 (몸무게가) 2키로가 줄어 있다. (1984년) 한국시리즈 때도 7차전 할 때 6대 4로 8회전(8이닝)이 돼서 우짜든지 막아야 하는데 보니까 (너무 체력 소모가 심해서) 아 입이 비뚤어져 있드라. 너무 가슴이 아파 가지고… 내 참 그 심정 어떻게 말로 하겠노. 그날 축하파티에 가 앉는 것도 TV에 나왔드만, 코피가 났는가 코에 화장지를 꽂아가 있는 걸 보고 '아이고 동원이 고생했다, 내 아들 고생했다' 몇 번을 외쳤다."

몸을 혹사시키며 팀을 승리로 이끌었지만, 최동원 선수는 1988년 악의적인 트레이드를 당하게 되죠. 1984년 한국시리즈에서 맞붙었던 삼성라이온즈로 말입니다. 선수협의회를 만들려다가 구단의 앙심을 산 겁니다. 당시 최동원 선수는 "연봉이 낮은 동료들, 특히 연습생들의 복지가 사각지대에 놓여있다"며 선수협 결성을 주도했습니다. 당시 최고의 연봉을 받던 스타였기에, 이 같은 노력은 자신보다는 동료 선수들 그리고 야구의 미래를 먼저 생각해서였죠. 보복성 이적을 당한 최동원 선수는 결국 고향 구단에 돌아가지 못하고 2년 만에 은퇴를 합니다. 그로부터 21년 뒤 대장암이 재발해 숨을 거두죠.

지금도 가슴 치며 후회하는 일

> "동원아, 지금 생각해도 엄마가 참 미안한 기 있다…"

엄마는 목이 멥니다. 최동원 선수가 유명을 달리하기 얼마 전 일입니다.

- 후략 -

전체 기사 QR코드로 한눈에 보기

"무쇠팔 최동원 내 아들아,
하늘서도 '엄마 손은 약손~' 들리나"

'엄마' 시리즈 모아 보기

'디어마더'를 만든 사람들

김지은(대표저자)

'인터뷰의 대중화'를 꿈꿔요! 마음에 관심이 많아서죠. 인터뷰는
마음과 마음을 잇는 일이거든요. 그렇게 공감의 띠가 생기고 그것이
세상에 공명을 일으킬 수 있다고 믿어요. 그래서 인터뷰는 기자만 하는
일이 아니라고 생각하죠. 2019년 인터뷰집 '언니들이 있다'를 썼고,
한국일보에서 '삶도 인터뷰'와 '인터뷰-엄마'를 연재하고 있어요.
'부캐'는 '사람탐험가'. 정치·사회·문화부에서 각양각색, 각계각층의
사람들을 두루 만나 취재하고 겪어본 걸 큰 자산으로 여겨요.
기자로 쌓은 모든 내공을 '디어마더'에 쏟아 부었죠.

김주성

세상과 사람을 기록하기 위해 노력하고 있습니다. 한국일보에서
'포토다큐' 'ㅅ사이드' '김주성의 사진공작소'를 연재했고, 2014년 인물
사진 책 '인사이드'를 냈습니다. 사진기자로 2007년 한국보도사진전
대상을 비롯해 스무 번의 수상 경력을 가지고 있습니다. 시간과 공간을
자르는 사진은 언어를 조탁하는 시(詩)와 비슷합니다. 임팩트 있는 한
장의 사진은 보면 볼수록 많은 생각과 느낌을 전달하죠. 엄마의 사진 속
숨은 이야기를 찾을 수 있는 팁을 '디어마더'에서 알려드릴게요.

김혜영

사람 이야기를 좋아해 기자가 됐어요. 자서전에 관심 가질 기회가
많았어요. 2018년 경북기록문화연구원의 '시민 아키비스트 양성과정'을
취재하며 자기생애사를 쓰는 어르신들께 평범한 기록의 가치를

배웠어요. 2019년 두 역사학도의 책방 '달리, 봄'에서 엄마의 역사를 쓰는 아들·딸을 취재하면서는 정작 놓쳐 온 역사의 공백을 깨달았고요. 이후 늘 부모님 자서전을 쓰고 싶었는데 실천을 못해 반성 중입니다. 작은 역사를 소중히 여기는 기록자로 살고 싶어요.

양진하

좋아하는 일은 '듣기', 잘 하고 싶은 일은 '쓰기'라고 답해요. 백만 명이 읽은 기사만큼이나, 단 한 사람의 마음을 변화시키는 기사 역시 가치 있다고 믿고요. 기자는 잔잔한 파동이 거대한 파도가 되도록 힘을 보태는 사람이라고 생각하거든요. '디어마더'가 하나의 작은 물결이 되길 바랍니다. 누군가의 딸, 아내, 그리고 '엄마'로 불려 온 한 여성의 삶에 귀를 기울이면, 그보다 더 다채로운 이야기로 가득 차 있다는 것을 발견하게 될 테니까요.

이혜미

글 쓰는 것이 항상 겁나는 기자, 내가 쓴 글이 늘 부끄러운 기자. 그럼에도 '세상에서 선택받지 못한 많은 말을 되살리기 위해' 기자를 하고 있어요. 2020년, 여성 기자로서 최고의 영예인 '올해의 여기자상' '최은희 여기자상'을 동시 수상했습니다. 다른 여성과 연대하는 글을 쓰는 것을 꿈꿉니다. '디어마더'를 통해, 사회를 굴러가게 하는 고된 역할을 '엄마'라는 이름 하나로 감내해온 한 여성의 이야기를 새롭게 호명하고 싶어요.

디어마더
dear mother
ⓒ김지은 외 4명

펴낸날	1판 1쇄 2021년 5월 8일
지은이	김지은(대표저자) 김주성 김혜영 양진하 이혜미
펴낸이	이영성
펴낸곳	(주)한국일보사
	주소 서울시 중구 세종대로 17
	전화 02-724-2114
	이메일 hankookilboC@gmail.com
	홈페이지 https://hankookilbo.com
ISBN	978-89-7348-068-5 03810

이 책은 저작권법에 따라 보호받는 저작물이므로
무단 전재와 복제를 금합니다.
이 책의 일부 또는 전부를 이용하려면
저작권자와 (주)한국일보사의 동의를 받아야 합니다.
책값은 뒤표지에 적혀 있습니다.
잘못된 책은 구입하신 곳에서 바꾸어 드립니다.